BEI GRIN MACHT SICH IHR WISSEN BEZAHLT

- Wir veröffentlichen Ihre Hausarbeit, Bachelor- und Masterarbeit

- Ihr eigenes eBook und Buch - weltweit in allen wichtigen Shops

- Verdienen Sie an jedem Verkauf

Jetzt bei www.GRIN.com hochladen und kostenlos publizieren

Bibliografische Information der Deutschen Nationalbibliothek:

Die Deutsche Bibliothek verzeichnet diese Publikation in der Deutschen Nationalbibliografie; detaillierte bibliografische Daten sind im Internet über http://dnb.d-nb.de/ abrufbar.

Dieses Werk sowie alle darin enthaltenen einzelnen Beiträge und Abbildungen sind urheberrechtlich geschützt. Jede Verwertung, die nicht ausdrücklich vom Urheberrechtsschutz zugelassen ist, bedarf der vorherigen Zustimmung des Verlages. Das gilt insbesondere für Vervielfältigungen, Bearbeitungen, Übersetzungen, Mikroverfilmungen, Auswertungen durch Datenbanken und für die Einspeicherung und Verarbeitung in elektronische Systeme. Alle Rechte, auch die des auszugsweisen Nachdrucks, der fotomechanischen Wiedergabe (einschließlich Mikrokopie) sowie der Auswertung durch Datenbanken oder ähnliche Einrichtungen, vorbehalten.

Impressum:

Copyright © 2015 GRIN Verlag, Open Publishing GmbH
Druck und Bindung: Books on Demand GmbH, Norderstedt Germany
ISBN: 9783668260009

Dieses Buch bei GRIN:

http://www.grin.com/de/e-book/336240/migration-nach-deutschland-traum-oder-albtraum

Tim Thölken

Migration nach Deutschland. Traum oder Albtraum?

GRIN Verlag

GRIN - Your knowledge has value

Der GRIN Verlag publiziert seit 1998 wissenschaftliche Arbeiten von Studenten, Hochschullehrern und anderen Akademikern als eBook und gedrucktes Buch. Die Verlagswebsite www.grin.com ist die ideale Plattform zur Veröffentlichung von Hausarbeiten, Abschlussarbeiten, wissenschaftlichen Aufsätzen, Dissertationen und Fachbüchern.

Besuchen Sie uns im Internet:

http://www.grin.com/

http://www.facebook.com/grincom

http://www.twitter.com/grin_com

Inhaltsverzeichnis

1. Einleitung 2
2. Die Migration nach Deutschland 2
   2.1 Definitionen Migration und Migrant 2
   2.2 Entwicklung der Migration nach Deutschland 3
3. Träume oder Albträume der Migranten? 5
   3.1 Migrationsentscheidung und Erwartungshaltung der Migranten 5
   3.2 Erlebnisse und Berichte der Migranten 6
      3.2.1 Persönliches Schicksal eines Fluchtmigranten 8
   3.3 Gegenüberstellung Traum-Albtraum 8
4. Schlussbemerkung 9
Literaturverzeichnis 10

1. Einleitung

Jedes Jahr gewinnt Deutschland viele Menschen durch Einwanderung hinzu. Der demografische Wandel Deutschlands macht es unumgänglich, dass sich die rapide alternde Gesellschaft dem Zustrom von Menschen aus vielen Regionen unserer Welt öffnet. Migranten möchten möglichst ihre kulturellen Praxen und Lebensformen beibehalten und haben festliegende Erwartungshaltungen an Deutschland. Es stellt sich die Frage, ob sich die Wünsche und Träume der Migranten verwirklichen und ob sie von der Bevölkerung als Migranten akzeptiert werden. Menschen, die in ein bestimmtes geographisches Gebiet neu hinzukommen, erfahren häufig von der dort eingesessenen Bevölkerung Widerstand. Rassistische Vorurteile, Fremdenfeindlichkeit und Hass sind nur einige Faktoren, denen Migranten häufig ausgesetzt sind. Durch die sozialen und psychischen Beanspruchungen treten häufig Aggression, Frustration, Angst, Melancholie und Trennungsschmerz auf. Wendet sich hier das Blatt und werden die Träume der Migranten zu Albträumen? Nach der Begriffsdefinition "Migration" und "Migrant" sowie einem Überblick über die Migration nach Deutschland wird auf Erwartungshaltungen und Erlebnisse der Migranten eingegangen, um durch Abwägen verschiedener Kriterien zur Beurteilung „Traum oder Albtraum?" zu gelangen.

2. Die Migration nach Deutschland

Das Thema Migration und die Auswirkungen auf die Gefühlslage der Migranten ist ein brisantes Thema. Im Folgenden soll durch die Begriffsbestimmungen von Migration und Migrant sowie durch die Darstellung der Migration nach Deutschland ab den Nachkriegsjahren bis heute ein Überblick über die Thematik gegeben werden.

2.1 Definitionen Migration und Migrant

Der Begriff Migration wurde von dem lateinischen Wort "migrare", beziehungsweise "migratio" abgeleitet und bedeutet im Deutschen "wandern, wegziehen, Wanderung".[1] Bei Bewegungen von Personen im Raum, die einen dauerhaften Wohnortswechsel bedingen, wird von Migration gesprochen.[1] Migranten unterteilen sich in temporäre Arbeitsmigranten, welche für einen begrenzten Zeitraum als Arbeitskräfte ins Ausland gehen sowie geringqualifizierte Langzeitmigranten.[2]

---

[1] vgl. Han, 2005, S.7
[2] vgl. Keeley, 2009, S.27

Weiterhin bezeichnet man hochqualifizierte Personen und Geschäftsleute, die auf dem internationalen Stellenmarkt beschäftigt oder durch multinationale Unternehmen ins Ausland versetzt werden, als Migranten.[2] Irreguläre Migranten sind Personen, welche häufig illegal einreisen und ohne erforderliche Papiere in einem Land leben.[2] Drei weitere Bevölkerungsgruppen der Migranten sind Asylsuchende, aufgrund von Hungersnot und Naturkatastrophen zur Migration Gezwungene sowie Flüchtlinge.[2] Letztere werden als Personen definiert, die ihr Heimatland verlassen haben und dorthin aufgrund begründeter Furcht vor Verfolgung und somit drohender Gefahr für Leib und Leben[3] nicht zurückkehren können.[2] Weiterhin sind nachgereiste Familienmitglieder sowie Rückkehrmigranten, welche nach langer Abwesenheit aus dem Ausland in das Heimatland zurückkehren, zu benennen.[2]

2.2 Entwicklung der Migration nach Deutschland

In den Nachkriegsjahren war das Konzept der "Gastarbeiter" in der Bundesrepublik Deutschland eine der signifikantesten Entwicklungen auf dem Gebiet der Migration. Kein Land wurde stärker als Deutschland mit Gastarbeitern assoziiert[3]. Da die westdeutschen Branchen ihre Arbeitsplätze nicht mehr mit eigenen Arbeitern besetzen konnten,[4] beschloss Deutschland 1955 das erste Anwerbeabkommen mit Italien, worauf weitere Verträge mit Griechenland und Spanien (1960), Türkei (1961), Marokko (1963), Portugal (1964), Tunesien (1965) und Jugoslawien (1968) abgeschlossen wurden.[4] Es kamen viele Saisonarbeiter, um beispielsweise in der Automobilbranche[5] oder in den Industriezentren der Kohle-und Stahlindustrie tätig zu sein. Viele ausländische Arbeiter blieben in Deutschland, darunter auch zahlreiche türkische Migranten.[6] Allmählich entwickelte Deutschland sich von einem Gastarbeiterland zu einem Land mit gesteuerter Zuwanderung.[6] 1966/1967 entstand eine wirtschaftliche Krise, welche die Situation zwischen Deutschen und Ausländern verschärfte.[7] Die Nachkriegsrezession wurde von den Bürgern in Deutschland als Einschnitt in das Selbstwertgefühl der stolzen "Wirtschaftswunderpolitik" verstanden und sorgte für große Aufregung in der Bevölkerung.[7] Die Zahl der ausländischen Arbeitskräfte erhöhte sich zwischen

---

[3] vgl. Beger, 2000, S. 31
[4] vgl. Beger, 2000, S. 27
[5] vgl. Keeley, 2009, S.26
[6] URL:http://www.tatsachen-ueber-deutschland.de/index.php?id=471&no_cache=1&L=0&type=98, gesichtet am 14.11.2015, 19.20Uhr
[7] URL:http://www.domid.org/de/migrationsgeschichte-deutschland.de, gesichtet am 14.11.2015, 20.00 Uhr

1956 und 1973 von 95.000 auf 2,6 Millionen.[8] Zwischen 1950 und 1990 kamen insgesamt 4,5 Millionen Menschen aus der DDR in die Bundesrepublik.[9] Es folgte durch die im Jahre 1973 ausgelöste Ölkrise ein globaler Wirtschaftsabschwung, der der Massenanwerbung von Gastarbeitern effektiv ein Ende setzte und die Zuwanderung zum Stillstand brachte.[10] Nach dem Zusammenbruch der kommunistischen Systeme, Kriege auf dem Balkan und durch die Menschenrechtssituation in den kurdischen Gebieten der Türkei[11] kehrten in der Zeit von 1980 bis 1999 insgesamt 3 Millionen ehemalige Aussiedler aus der Sowjetunion, Polen und Rumänien zurück nach Deutschland.[12] Mit Einführung der doppelten Staatsbürgerschaft im Jahre 2000 und Inkrafttreten des neuen Zuwanderungsgesetztes 2005 wurde die Integration der Migranten erleichtert und Deutschland erklärte sich faktisch zum Einwanderungsland.[11] In den Folgejahren stieg der Anteil von Menschen mit Migrationshintergrund, sodass im Jahre 2013 insgesamt 16,5 Millionen Menschen mit Migrationshintergrund in Deutschland lebten.[11] Seit diesem Jahr steht Deutschland vor der größten politischen, wirtschaftlichen und menschlichen Herausforderung bezüglich der Flüchtlingsmigration. Deutschland gehört aufgrund der wirtschaftlichen Anziehungskraft, der geographischen Lage und dem bestehenden Asylrecht[13] zu den größten Aufnahme- und Zielländern von Flüchtlingen und Asylsuchenden in Europa.[14] Menschen auf der Flucht vor Bürgerkriegen und Armut sind auf dem Weg nach Europa. Hauptherkunftsländer der Flüchtlinge sind Syrien, Kosovo und Albanien.[15] Der Flüchtlingsstrom hat Deutschland unvorbereitet getroffen. Waren es im Jahre 2013 noch 127.000 Asylanträge, so stieg die Zahl im Jahre 2014 auf 202.000 Anträge. Für das Jahr 2015 werden eine Millionen Flüchtlinge erwartet.[16]

---

[8] Keeley, 2009, S.26
[9] URL:http://www.spiegel.de/wirtschaft/soziales/fluechtlinge-wie-migranten-deutschland-gepraegt-haben-a-1051994.html, gesichtet am 15.11.2015, 07.33 Uhr.
[10] Keeley, 2009, S.28
[11] URL:http://www.domid.org/de/migrationsgeschichte-deutschland
[12] URL:http://www.spiegel.de/wirtschaft/soziales/fluechtlinge-wie-migranten-deutschland-gepraegt-haben-a-1051994.html, gesichtet am 15.11.2015, 08.10 Uhr.
[13] URL:http://lpb-bw.de/fluechtlingsproblematik.html#c24499, gesichtet am 15.11.2015, 10.20 Uhr
[14] vgl. Beger, 2000, S. 31
[15] URL:http://www.daserste.de/information/politik-weltgeschehen/mittagsmagazin/sendung/2014/woher-kommen-die-fluechtlinge-in-deutschland-100.html, gesichtet am 02.12.2015, 18.04 Uhr
[16] URL:http://lpb-bw.de/fluechtlingsproblematik.html#c24499

3. Träume oder Albträume der Migranten?

Nicht alle Migranten definieren ihre Zuwanderung als positiv und sehen ihre Zukunft als bedroht an. Es herrschen Konflikte, sei es beispielsweise bezüglich ihrer Kultur, ihrer Sprache oder finanzieller Not. Zunächst werden die Erwartungen und Hoffnungen der Migranten beschrieben. Doch werden die Wünsche und Hoffnungen überhaupt erfüllt? Erlebnisse positiver sowie negativer Art werden skizziert und gegenübergestellt. Anhand dieser Faktoren wird erarbeitet, ob sich die Migration nach Deutschland aus Sicht der Migranten als Bedrohung, also Albtraum, oder aber als Erfüllung ihrer Träume darstellt.

3.1 Migrationsentscheidung und Erwartungshaltung der Migranten

"Für viele Menschen war die Migration zu allen Zeiten in der Geschichte und überall auf der Welt eine Reaktion auf eine wirtschaftliche Notwendigkeit- ein Ausdruck der Tatsache, dass sie sich in einem anderen Land möglicherweise ein besseres Leben aufbauen können."[17] Der Schritt in die Migration basiert auf einen wohlüberlegten und langandauernden Entscheidungsprozess. In der Regel wird der Migrant aus einem relativ stabilen System herausgenommen und in ein anderes System transplantiert.[18] Deutschland ist ein Wohlstandsland und jeder Migrant erhofft sich in diesem Land "Wurzeln schlagen zu können".[18] In den Fünfzigerjahren begründeten die Migranten ihre Entscheidung mit der Suche nach politischer Freiheit und fühlten sich vom deutschen Wirtschaftswunder angelockt, denn die Vorzüge des Kapitalismus erschienen greifbar nahe.[19] In dem deutschen System sollen die Kinder der Migranten eine gute Schulausbildung genießen und die Eltern einen möglichst sicheren Arbeitsplatz bekleiden. Belgüzar, eine türkische Migrantin, definiert ihr Anliegen wie folgt: „Mein Wunsch ist, eine gute Arbeit zu finden und ein sorgloses Leben zu führen. Ich möchte auch ein glückliches Familienleben führen können- ohne Angst! Mein Ziel ist, mich in Deutschland gut einzuleben und dass meine Kinder eine gute Ausbildung haben."[20] Erwartet wird weiterhin eine Bereicherung der eigenen Kultur, ein Leben ohne Krieg oder Verfolgung, sondern in Würde und Frieden. Migranten erwartet in Deutschland ein Leben in Demokratie mit einem sehr ausgereiften Sozial-, Bildungs- und Gesundheitssystem und verschiedenen Beratungsstellen für

---
[17] vgl. Keeley, 2009, S. 36
[18] vgl. Han, 2005, S. 206 ff
[19] URL:http://www.spiegel.de/wirtschaft/soziales/fluechtlinge-wie-migranten-deutschland-gepraegt-haben-a-1051994.html, gesichtet am 02.12.2015 um 17.15 Uhr
[20] URL:http://iam.tzdan.de/inhalt/aktionen/positiv.htm, gesichtet am 29.11.2015, 23.01 Uhr

Integrationsarbeit.[21] Migranten ersehnen positiv beschiedene Asylanträge und möchten ihre Familien zusammenführen. Ein Zitat der Bundeskanzlerin besagt: „Deutschland- das sind wir alle, wir alle, die in diesem Land leben; woher auch immer wir kommen, wie wir aussehen, woran wir glauben, ob wir stark oder schwach sind, gesund oder krank, mit oder ohne Behinderung, alt oder jung. Wir sind ein Land, eine Gesellschaft [...] getragen von unserem Grundgesetz [...]."[22]

3.2 Erlebnisse und Berichte der Migranten

In diesem Abschnitt wird speziell auf einige Erlebnisse der Migranten hinsichtlich der Integration in der Bevölkerung, der Arbeitswelt sowie Schule eingegangen. Auch wenn es sich bei den Geschichten dieser Leute um persönliche Einzelerfahrungen handelt, finden sie sich doch im Leben von Millionen anderer Zuwanderer wieder. So sei ein türkischer Migrant vor 5 Jahren nach Deutschland gekommen und wurde aufgrund seiner Sprachdefizite und der Tatsache, dass er weder Bekannte noch Freunde hatte, vor große Probleme gestellt.[23] Ständig müsse er mit dem Vorwurf leben, dass seitens der Ausländer keine Bereitschaft zur Integration da wäre.[24] Migranten fühlen sich auch nach vielen Jahren noch nicht akzeptiert, obwohl im Grundgesetz klar zum Ausdruck gebracht wird, dass wir (Deutschland) eine Gesellschaft sind und uns fraternisieren. „Mein ganzes Leben habe ich immer ein klares Signal von meinen deutschen Mitmenschen und vom Staat vermisst, dass unmissverständlich zum Ausdruck bringt, dass auch wir willkommen und ein Bestandteil der deutschen Gesellschaft sind"[25], berichtet Herr Gözübüyük, ein türkischer Migrant. Seine wichtigste Erfahrung war die Feststellung, dass man als Migrant von verschiedenen Kulturen lernen und sich auf diese einlassen kann. Dadurch sei er neuen Einflüssen offen entgegengegangen.[26] Ergänzend wird beobachtet, dass sich Studenten aus Unsicherheit und aufgrund fehlender Anerkennung oftmals ausgrenzen. „Auffällig war, dass die meisten ausländischen Studenten, unabhängig davon, was sie studiert haben, immer nur gemeinsam etwas unternommen haben und man sie selten mit anderen Studenten gesehen hat."[27] Migranten werden häufig mit Alltagsrassismus konfrontiert. Eine Kroatin erzählt: „Ich stritt mit meiner besten Freundin, im Eifer

---

[21] URL:http://www.bamf.de/DE/Willkommen/DeutschLernen/Integrationskurse/integrationskurse-node.html, gesichtet am 29.11.2015, 23.40 Uhr
[22] vgl. Heinz, Kluge, 2012, S. 247, Merkel, Rede, 23.02.2012
[23] vgl. Gözübüyük, 2006, S. 189
[24] vgl. Gözübüyük, 2006, S. 190
[25] Gözübüyük, 2006, S. 190
[26] vgl. Gözübüyük, 2006, S. 190
[27] Gözübüyük, 2005, S. 191

des Gefechts oder wegen kindlicher Unüberlegtheit und Naivität schrie sie mich mit den Worten ‚Ausländer raus' an."[28] Eine Tamilin berichtet, dass sie den Rassismus in der Schule, auf der Straße, beim Sozialamt, bei der Polizei und anderen Stellen spüre.[29] Der Halb-Ägypter Raef wird mit den Worten: „Was willst Du, Du Kanake?" beleidigt[30] und bei einem Neonazi-Aufmarsch wurde ein Migrant mit den Worten „Ab ins Gas!" beschimpft.[30] Auf der Suche nach einer neuen Wohnung wird eine Migrantin ungerecht benachteiligt und in ihrer Würde verletzt: „Aber wissen Sie, Ausländer wollen wir nicht."[30] Allerdings ist das Verhältnis zwischen Deutschen und Ausländern nicht immer negativ konnotiert. Bezüglich der Migration und der Arbeitswelt berichtet ein italienischer Migrant über seine Arbeitsstelle in einer Ziegelei: „Die Arbeit war hart, aber wir fühlten uns gerecht behandelt."[31] Auch bei der IG Metall wurden in den Sechzigerjahren die neuen ausländischen Arbeitskräfte mit offenen Armen empfangen. Ein griechischer Arbeiter erläutert: „Umgekehrt haben wir uns auch hingezogen gefühlt, weil die IG Metall sich auch um unsere Anliegen gekümmert hat und fortschrittliche politische Positionen besetzt hatte, sich unter anderem für das Ausländerwahlrecht stark gemacht hat."[32] Viele Migranten besitzen die richtige Einstellung zum Berufsleben und arbeiten stark für den ersehnten Erfolg. „Wir haben hart gearbeitet und das hat unser Leben auch ganz schön belastet. Trotz alledem können wir uns nicht beklagen."[33] Hinsichtlich des Kriteriums Bildung und Ausbildung in Deutschland stoßen heranwachsende Migrantenkinder oft auf Konfrontationen. Eine griechische Mutter berichtet, dass ihr Kind nach dem Ende der Schulzeit in Deutschland weiterlernen, vielleicht sogar studieren solle. „Ich bin enttäuscht worden", schildert die Mutter, „ich habe immer an die Bildung meines Kindes gedacht und weniger an es selbst. Jetzt aber, wo ich die heutige Situation ausländischer Kinder an den Schulen erlebe […], sind alle meine Gedanken und Erwartungen vor unüberwindliche Probleme gestellt."[34] Die griechische Schülerin berichtet, dass sie in der Schule wenig verstanden und dass niemand mit ihr gesprochen habe. Im Unterricht lachten die anderen, wenn sie etwas Unsinniges sagte.[34]

---

[28] vgl. Bojkovic, 2006, S. 178
[29] Rose, 1995, S.37
[30] URL:http://www.focus.de/politik/deutschland/menschen-mit-auslaendischen-wurzeln-berichten-ich-wuenschte-hitler-wuerde-noch-leben-alltagserlebnisse-von-migranten-in-deutschland_id_3809800.html, gesichtet am 29.11.2015, 20:55 Uhr.
[31] Autunno, 2006, S. 48
[32] vgl. Uppenthal, 2006, S. 185
[33] vgl. Ciampa, 2006, S.180
[34] vgl. Frey, Müller, 1982, S. 255

3.2.1 Persönliches Schicksal eines Fluchtmigranten

In einer Tageszeitung wird über einen Fluchtmigranten berichtet (s. Anlage 1).Verdeutlicht wird hier besonders dessen Stärke und Wille bezüglich der Migration nach Deutschland. Ibrahim Traoré, ein 17-jähriger unbegleiteter Malier, verbrachte vier Wochen aufgrund seiner missglückten Flucht in einem syrischen Gefangenenlager. Dort erlebte er Folter, Hunger und Durst. Da für Ibrahim niemand die Ablösesumme an die Folterschergen zahlen konnte, wurde er als wertlos betrachtet und zum Sterben vors Tor gelegt. Trotz seines schlechten Gesundheitszustandes schaffte er es, als Tagelöhner das Geld für die nächste Schleusergruppe zu erarbeiten. Die lebensgefährliche Überfahrt brachte ihn nach Sizilien. Unterwegs musste er zusehen, wie Freunde und Verwandte ertranken. Viele der mitgereisten Flüchtlinge litten aufgrund des Traumas nach der Flucht unter Depressionen bzw. Panikattacken. Ibrahim riskierte sein Leben, um seine Familie in Mali finanziell zu unterstützen.[35] Er versichert: „Ich will nach Deutschland. Ich habe gehört, dass Flüchtlinge dort willkommen sind und dass es dort für alle, die hart arbeiten wollen, Jobs gibt."[36]

3.3 Gegenüberstellung Traum-Albtraum

Die partiell dargestellten Erlebnisse und Erfahrungen prägen das Leben der Migranten in Deutschland. Migranten können aufgrund der Unterstützung durch das demokratische Deutschland und den diversen Beratungsstellen der Integrationsarbeit auf ein ausgereiftes Sozial- und Bildungssystem zurückgreifen. Durch Anpassen an die deutsche Kultur spüren sie oftmals im privaten sowie im beruflichen Alltag die erhoffte Gerechtigkeit und Hilfsbereitschaft durch die deutsche Bevölkerung. Fehlende Akzeptanz durch die Bevölkerung, rassistische Verhaltensweisen und Diskriminierung führen hingegen häufig zu Exklusionen und Enttäuschungen. Besonders Fluchtmigranten leiden aufgrund ihrer traumatischen Erlebnisse unter Depressionen und Panikattacken. Sprachdefizite und andere Verhaltensmuster erschweren oftmals die Integration von Migranten, lassen sie eine Sonderstellung in der Gesellschaft einnehmen und deren Leben zum Albtraum werden.

---

[35] vgl. Heidemann, 2015, S. 3
[36] Heidemann, 2015, S. 3

4. Schlussbemerkung

Die zusammenhängende Darstellung der Migration nach Deutschland in Verbindung mit den Erwartungshaltungen der Migranten und deren tatsächlichen Erlebnissen lässt resümierend festhalten, dass die Integration und damit das persönliche Empfinden eines jeden Migranten in seinem eigenen Umfeld individuell zu betrachten ist. Der Tatsache vorausgesetzt, dass sich Migranten den Erwartungen des Aufnahmelandes Deutschland bezüglich Respektierung der demokratischen Kultur anpassen, könnten deren Träume erfüllt werden. Spracherwerb, Integrationsbereitschaft, Gestaltungswille und Zugehörigkeitsgefühl seitens der Migranten sind dafür unumgänglich. Jeder Migrant ist für sich selbst und sein Leben in Deutschland verantwortlich. Die deutsche Politik trägt dabei eine erhebliche Verantwortung für Integrationsangebote und die Akzeptanz und Gleichbehandlung der Migranten. Rassismus, Ausländerfeindlichkeit, Trauer und fehlende Akzeptanz lassen das Leben eines Migranten zum Albtraum werden. Migranten sollten in Deutschland nicht zwischen zwei Welten leben, sondern in einer Welt gemeinsam. Dann können sie vom „Traum in Deutschland" sprechen.

Literaturverzeichnis

Autunno, Aurelio: Auch in einem fremden Land waren wir nicht allein. In: Di Croce, Bernandinho: Das Land, das nicht unser war. von Loeper Literaturverlag, Karlsruhe, 2006

Beger, Kai-Uwe: Migration und Integration. Eine Einführung in das Wandergeschehen und die Integration der Zugewanderten in Deutschland. Leske + Budrich, Opladen, 2000

Bojkovic, Sabrina: Wo ich mich wohl fühle, ist meine Heimat. In: Di Croce, Bernandinho: Das Land, das nicht unser war. von Loeper Literaturverlag, Karlsruhe, 2006

Ciampa, Domenico: Es war hart, aber wir haben etwas erreicht. . In: Di Croce, Bernandinho: Das Land, das nicht unser war. von Loeper Literaturverlag, Karlsruhe, 2006

Cremer, Hendrik: Rassismus? Die Debatte zu Aussagen von Thilo Sarrazin hat verdeutlicht, wie eng der Begriff in Deutschland verstanden wird. In: Heinz, Andreas, Kluge, Ulrike: Einwanderung – Bedrohung oder Zukunft?. Mythen und Fakten zur Integration. Campus Verlag GmbH, Berlin, 2012, Merkel, Rede, 23.02.2012

Frey, Martin: Ausländer bei uns – Fremde oder Mitbürger. Bundeszentrale für politische Bildung, Bonn, 1982

Gözübüyük, Ercan: Die Erde ist meine Heimat. In: Di Croce, Bernandinho: Das Land, das nicht unser war. von Loeper Literaturverlag, Karlsruhe, 2006

Han, Petrus: Soziologie der Migration. Lucius & Lucius Verlagsgesellschaft, Stuttgart, 2005

Hedemann, Philipp: Traumatisiert auf Sizilien. In: Weser-Kurier. 20.11.2015, S. 3
Kühne, Peter, Rüßler, Harald: Die Lebensverhältnisse der Flüchtlinge in Deutschland. Campus Verlag GmbH, Frankfurt/Main, 2000

Keeley, Brian: Internationale Migration. OECD, Paris, 2009, Rose: Ein Stück mein Leben. In: Behnen, Ulrike: In einem Fremdenland. UN-RAST-Verlag, Münster, 1995

Uppenthal, Jürgen: Wir sind längst ein Teil dieser Gesellschaft. In: Di Croce, Bernandinho: Das Land, das nicht unser war. von Loeper Literaturverlag, Karlsruhe, 2006

Internetquellen

Belgüzar: Positive und negative Erfahrungen der Iam-Kursteilnehmer in Deutschland. URL:http://iam.tzdan.de/inhalt/aktionen/positiv.htm, Zugang am 29.11.2015, 23.01 Uhr

Hintereder, Peter: Migration und Integration. URL: http://www.tatsachen-ueber-deutschland.de/index.php?id=471&no_cache=1&L=0&type=98, Zugriff am 14.11.2015, 19.20Uhr

Kaiser, Stefan: Armutsmigration: Wie Wirtschaftsflüchtlinge Deutschland geprägt haben. URL:http://www.spiegel.de/wirtschaft/soziales/fluechtlinge-wie-migranten-deutschland-gepraegt-haben-a-1051994.html, Zugriff am 15.11.2015, 07.33 Uhr

Tjong, Sandra: Menschen mit ausländischen Wurzeln berichten. "Ich wünschte, Hitler würde noch leben" – So grausam ist der alltägliche Rassismus. URL:http://www.focus.de/politik/deutschland/menschen-mit-auslaendischen-wurzeln-berichten-ich-wuenschte-hitler-wuerde-noch-leben-alltagserlebnisse-von-migranten-in-deutschland_id_3809800.html, Zugriff am 29.11.2015, 20:55 Uhr.

Unbekannter Autor: Flüchtlinge in Deutschland. URL:http://lpb-bw.de/fluechtlingsproblematik.html#c24499, Zugriff am 15.11.2015, 10.20 Uhr

Unbekannter Autor: Migration nach Deutschland. URL:http://www.bamf.de/DE/Willkommen/DeutschLernen/Integrationskurse/integrationskurse-node.html, Zugriff am 29.11.2015, 23.40 Uhr

Unbekannter Autor: Migrationsgeschichte in Deutschland. URL:http://www.domid.org/de/migrationsgeschichte-deutschland.de, Zugriff am 14.11.2015, 20.00Uhr

Unbekannter Autor: Woher kommen die Flüchtlinge in Deutschland. URL: http://www.daserste.de/information/politik/weltgeschehen/mittagsmagazin/sendung/2014/woher-kommen-die-fluechtlinge-in-deutschland-100.html, Zugriff am 02.12.2015, 18.04 Uhr

BEI GRIN MACHT SICH IHR WISSEN BEZAHLT

- Wir veröffentlichen Ihre Hausarbeit, Bachelor- und Masterarbeit

- Ihr eigenes eBook und Buch - weltweit in allen wichtigen Shops

- Verdienen Sie an jedem Verkauf

Jetzt bei www.GRIN.com hochladen und kostenlos publizieren